BEI GRIN MACHT SICH IHR WISSEN BEZAHLT

- Wir veröffentlichen Ihre Hausarbeit,
  Bachelor- und Masterarbeit

- Ihr eigenes eBook und Buch -
  weltweit in allen wichtigen Shops

- Verdienen Sie an jedem Verkauf

Jetzt bei www.GRIN.com hochladen und kostenlos publizieren

Tim Romotzki

Der Contergan-Skandal: ein Beispiel für die Macht der Pharmaindustrie?

GRIN Verlag

Bibliografische Information der Deutschen Nationalbibliothek:

Die Deutsche Bibliothek verzeichnet diese Publikation in der Deutschen National-
bibliografie; detaillierte bibliografische Daten sind im Internet über http://dnb.d-
nb.de/ abrufbar.

Impressum:

Copyright © 2011 GRIN Verlag GmbH
Druck und Bindung: Books on Demand GmbH, Norderstedt Germany
ISBN: 978-3-656-33428-6

Dieses Buch bei GRIN:

http://www.grin.com/de/e-book/197830/der-contergan-skandal-ein-beispiel-fuer-
die-macht-der-pharmaindustrie

GRIN - Your knowledge has value

Der GRIN Verlag publiziert seit 1998 wissenschaftliche Arbeiten von Studenten, Hochschullehrern und anderen Akademikern als eBook und gedrucktes Buch. Die Verlagswebsite www.grin.com ist die ideale Plattform zur Veröffentlichung von Hausarbeiten, Abschlussarbeiten, wissenschaftlichen Aufsätzen, Dissertationen und Fachbüchern.

Besuchen Sie uns im Internet:

http://www.grin.com/

http://www.facebook.com/grincom

http://www.twitter.com/grin_com

Seminarfach 12/2 „ Die `60er Jahre"

Klaus Rockmann

Der Contergan-Skandal: ein Beispiel für die Macht der Pharmaindustrie

Tim Romotzki

Inhaltsverzeichnis

Präambel

1. Vorgeschichte und Entdeckung   S.1

1.1. Entwicklung des Wirkstoffes Thalidomid   S.1
1.2. Markteinführung Contergan   S.1
1.3. Arzneimittelgesetz und die freiwillige Selbstkontrolle   S.2

2. Bedeutung für die „Grünenthal-Chemie"   S.2

2.1. Vermarktung   S.2
2.2. Contergan als Umsatzgarant   S.3
2.3. Risiken und Nebenwirkungen   S.4
2.4. Die Rollen Schulte-Hillen und Dr. Lenz   S.5

3. Die Geschädigten und ihre Schäden   S.6

3.1 Nervenstörungen   S.6

3.2 Aplasien/Dysmelien   S.7

4. Der dreifache Skandal   S.7

4.1. Contergan und „Grünenthal"   S.8
4.2. Contergan und die Justiz   S.9
4.2.1. Der Prozess   S.10
4.3. Contergan, die Opfer und der Streitfaktor Geld   S.11
4.4. Nachwirkungen   S.12

Resümee   S.14

Literaturverzeichnis   S.15

Anlagen/Material   S.17

Präambel

Die 60er Jahre. Ein ereignisreiches Jahrzehnt voller Konflikte Errungenschaften Umbrüche und revolutionären Strömungen mit weltverändernden Auswirkungen. „Mauerbau, Mondlandung, Studentenproteste, der Besuch des amerikanischen Präsidenten John F. Kennedy in Berlin und dessen Ermordung – Bilder, die sich im kollektiven Gedächtnis für die 60er Jahre eingebrannt haben"[1]. Kaum einem ist aber der größte Medizinskandal der Nachkriegszeit ein Begriff. Die Umstände des sogenannten Conterganskandals sind bis zum heutigen Tage sehr undurchsichtig und unzureichend geklärt worden. Wirkungsmechanismen, Verantwortlichkeiten und Schuldfragen geben Rätsel auf. Somit muss man die Frage gestatten, ob „ Der Contergan Skandal: ein Beispiel für die Macht der Pharmaindustrie? [2]"ist. Diese Arbeit beschäftigt sich also damit, dem Leser einen Eindruck der Vorkommnisse zu vermitteln und auf dieser Basis zu erörtern, ob und falls dem so sein sollte, warum der Conterganskandal die Macht der Pharmaindustrie zum Ausdruck bringt.

---

[1] http://www.daserste.de/60erjahre/, 29.05.2011, 13:31
[2] Klaus Rockmann

1. Vorgeschichte und Entdeckung

1.1 Entwicklung des Wirkstoffes Thalidomid

Mitte der 50er Jahre des vergangenen Jahrhunderts erfand die 1947 gegründete Firma „Chemie Grünenthal" den Wirkstoff Thalidomid. Durch Zufall entdeckten die Erfinder Dr. Dr. Keller und Dr. Kunz im Jahre 1954 den besagten Wirkstoff sowie dessen einschläfernde Wirkung und gaben ihm aufgrund seiner chemischen Substanz den Namen, beziehungsweise das Kürzel „K17". Erst später wurde es in „Contergan" umgetauft und unter diesem Namen deutschlandweit vertrieben. Vorangegangene Versuchsreihen an Nagetieren zeigten keine nennenswerten negativen Auffälligkeiten. Darüber hinaus fiel positiv auf, dass die tödliche Dosis, die sogenannte „dosis letalis", nahezu ausgeschlossen sei - ein absolutes Novum für Beruhigungs-/Schlafmittel zu dieser Zeit. Die Erprobung des Wirkstoffes am menschlichen Körper verlief ohne unerwartete Nebenwirkungen und wurde interessanterweise nicht intensiviert, war doch der genaue Wirkungsmechanismus im Körper fast gänzlich unbekannt. Bereits Ende 1955 galt es betriebsintern als „klinisch getestet" und wurde schon Anfang 1956 vom Forschungsleiter Dr. Mückter inoffiziell für den Verkauf freigegeben[1].

1.2 Markteinführung Contergan

Der bereits im Jahre 1955 vorbereitete Verkaufsstart von Contergan verzögerte sich unter anderem aufgrund von kritischen Stimmen von Prüfern auf dem Contergan-Symposium 1956 bis ins Jahr 1957. Am 1. Oktober 1957 war es dann soweit. Contergan wurde in den Arzneimittelmarkt eingeführt und war fortan in Deutschland und auch in vielen Regionen der Erde rezeptfrei erhältlich. „Contergan" - „Contergan forte", so die deutschen Betitelungen des Thalidomidpräparates, waren in Apotheken in Form von Tabletten, Saft, Tropfen oder Zäpfchen erhältlich und versprachen eine sedative Wirkung bei völliger Ungiftigkeit und Gefahrenlosigkeit.[2] Mit der Zeit erfreute sich das Mittel immer größerer Beliebtheit und wurde auch von Ärzten und Apothekern aufgrund seiner guten Verträglichkeit gerne empfohlen und verschrieben. Anfangs noch eines von vielen, tat sich Contergan alsbald als Kundenmagnet hervor und nahm somit eine marktführende Position ein.

---

[1] Vgl. Gero Gembella, Der dreifache Skandal, Hamburg 1993, S.15-19
[2] Vgl. Catia Monser, Contergan/Thalidomid: Ein Unglück kommt selten allein, Düsseldorf 1993, S.12-14

1.3 Arzneimittelgesetz und die freiwillige Selbstkontrolle

Anders als medial oft berichtet existierte bis Anfang der 1960er Jahre kein gesetzlich festgelegtes Arzneimittelgesetz. Alle entwickelten Medikamente waren also frei von jeglicher Prüfung, abgesehen von der durch die Pharmaindustrie sich selbst auferlegte freiwillige Selbstkontrolle, welche lediglich Maßstäbe für die prüfenden Verfahrens- und Kontrollvorgänge ausgelotet hatte. Untersuchungen von übergeordneten und vor allem unabhängigen Instanzen waren für Pharmaunternehmen nicht festgelegt.

2. Bedeutung für die „Chemie-Grünenthal"

2.1 Vermarktung

Die Vermarktungsstrategie des neuen „Wundermittels" Contergan, baute grundsätzlich auf der besonders guten Verträglichkeit für alle Altersklassen sowie auf der hohen Sicherheit und seinen geringen Nebenwirkungen auf. Die sehr oft mit Metaphern gespickten Slogans lanciertem dem Leser Paradiesisches(siehe Anhang: Abb. 1). Diese wohlklingenden Parolen wurden oft begleitet von idyllischen Bildnissen und ruhig und friedlich anmutenden Naturschauspielen, was die Harmlosigkeit Contergans unterstreichen sollte. Einen weiteren Faktor stellt in diesem Zusammenhang die Mutter-Kind-Beziehung dar, denn Contergan bot als erstes Schlafmittel überhaupt Eltern die Möglichkeit ihren Kleinsten mit ruhigem Gewissen das Einschlafen zu erleichtern oder das Einschlafen einfach zu beschleunigen. Das elterliche Motiv bot sich zudem optimal als Werbeträger an, da ein kinderfreundliches Medikament sicherlich keine negativen Auswirkungen auf den Körper eines Erwachsenen oder auf den einer schwangeren Frau haben könne, so der damalige Glauben. Das Kindeswohl als Werbeträger[3] sowie die Schlagworte „'ungiftig' [,] 'gefahrlos' [und] 'atoxisch'"[4], aber vor allem die oftmals stolz verkündete Aussage, dass Contergan „'unschädlich wie Zuckerplätzchen'"[5] sei, verfehlten ihre Wirkung nicht und so wurde Contergan auch werdenden Müttern gegen die morgendliche Schwangerschaftsübelkeit empfohlen und fand auch davon abgesehen einen florierenden Ansatzmarkt.

---

[3] H.Sjöström & R. Nilsson, Contergan oder die Macht der Arzneimittelkonzerne, Harmondsworth, Middlesex, England 1972, S. 43
[4] DER SPIEGEL 49/1962, 05.12.1962, S.72, http://www.spiegel.de/spiegel/print/d-45125108.html, 16. Mai 2011, 17.13 Uhr
[5] DER SPIEGEL 49/1962, ebda., S.72

2.2 Contergan als Umsatzgarant

Ausgehend von dem kleinen rheinländischen Städtchen Stolberg bei Aachen, dem Firmensitz der Grünenthal-Chemie, entwickelte sich das Thalomidpräparat, einzusetzen bei „Schlafstörungen, (…), Nervosität, Migräne und den sogenannten Befindlichkeitsstörungen"[6], als ein weltweiter Verkaufsschlager der dem kleinen Familienunternehmen viel Geld in die Kassen spülte. Hatten sich die Einnahmen bisher über den Verkauf von Antibiotika definiert, entwickelte sich Contergan nach und nach zum Umsatzgaranten und brachte der Firma zeitweise einen monatlichen „Netto-Verkaufserlös(…)[von] 1.364.458 Mark"[7] ein. Nahmen im Jahre 1959 350.000 Bundesbürger Contergan täglich ein, waren es im Oktober 1960 bereits 700.000, also das Doppelte. Als nur ein Jahr später bereits über eine Millionen Bundesdeutsche täglich Gebrauch vom Hypnotikum - wie es im Beipackzettel heißt - machten, avancierte Contergan zum Lieblingsschlafmittel der Deutschen, wenn es so etwas gibt.[8] In einem Zeitraum von nur vier Jahren betrug der „Contergan-Umsatz der Firma Grünenthal(…)24.197.144 Mark"[9]was einen „Anteil von 46 Prozent des barbituratfreien Schlafmittelmarktes"[10] ausmachte. Der Höhenflug Contergans schien keine Grenze zu kennen. Lizenzen wurden gewinnbringend an Unternehmen im Ausland verkauft, der Export machte mehr als ein Viertel des Umsatzes aus und die Forschungsleitung begann Thalidomid mit anderen Wirkstoffen, beispielsweise dem des Aspirin zu kombinieren um durch die entstehenden sogenannten Kombinationspräparate ein breiteres Verbraucherspektrum ansprechen zu können und dadurch den Absatzmarkt zu vergrößern.[11] Es schien so als habe Grünenthal mit dem Thalidomid eine unerschöpfliche „Goldgrube" gefunden, allerdings mussten alle Beteiligten später feststellen, dass dem nicht so war.

---

[6] Catia Monser, ebda., S.17
[7] Gero Gemballa, ebda., S.25
[8] DER SPIEGEL 49/1962, ebda., S.72
[9] DER Spiegel, 23/1968, 03.06.1968, S.47 http://www.spiegel.de/spiegel/print/d-46039709.html, 16.05.2011, 20:23Uhr
[10] L.Zichner M.A. Rauschmann K.-D. Thomann, Die Contergankatastrophe-Eine Bilanz nach 40 Jahren, Darmstadt 2005, S.3
[11] H.Sjöström & R. Nilsson, Contergan oder die Macht der Arzneimittelkonzerne, Harmondsworth, Middlesex, England 1972, S. 43

2.3 Risiken und Nebenwirkungen

Erste Berichte über Nebenwirkungen tauchten bereits in der Erprobungsphase Contergans zwischen 1955 und 1957 auf, als man einigen wenigen Ärzten den Auftrag erteilte, Contergan in Form von Testreihen an Patienten zu erproben, die Ergebnisse zu protokollieren und die Grünenthal-Chemie umfassend zu informieren. Den bei einigen Patienten auftretenden Schwindel nahm man nicht wirklich ernst und vermutete persönliche Überempfindlichkeit oder unangepasste Dosierung als Ursache dessen. Mit steigenden Verkaufszahlen stieg einerseits die Anzahl der positiven Berichte über Contergan, andererseits aber auch die Anzahl der Berichte über Nebenwirkungen wie „ Verwirrtheit, Benommenheit, Verlust des Gedächtnisses, Blutdruckabfall"[12] und weiteren Symptomen ausgesprochen stark an. Firmenintern kamen Zweifel auf ob das Informationsdefizit bezüglich der Wirkungsweise, den Einflüssen auf den Stoffwechsel sowie den Auswirkungen für Organe, wie beispielsweise der Leber, in Zukunft zu akzeptieren sei. Nach Außen hin, das heißt der Öffentlichkeit gegenüber, gab sich Grünenthal allerdings stets selbstbewusst, überzeugt und souverän was Contergan betraf und man propagierte weiter die außerordentlich gute Verträglichkeit und betrachtete Nebenwirkungen weiterhin als nahezu ausgeschlossen. Selbst nachdem Ende 1959 vielen Ärzte und Apotheker über die beobachtete sogenannte Polyneuritis klagten, welche Sie auf die Einnahme von Contergan bzw. Thalidomid zurückführten, stieß man bei Grünenthal auf taube Ohren. Das „prickelnde(…) Gefühl in den Extremitäten [und die] Empfindungen der Taubheit und Kälte(Parästhesie)"[13] können man nicht auf die Einnahme von thalidomidhaltigen Medikamenten ableiten, so die Meinung der Grünenthal-Verantwortlichen. Dennoch musste der Pharmakonzern die ab August 1961 eingeführte Rezeptpflicht in einigen Bundesländern in Kauf nehmen. Die stetige diskrete Anpassung des Beipackzettels reichte nicht mehr aus. So musste sich Grünenthal auch aufgrund von über 1600 Berichten von Ärzten, Patienten und Apothekern, welche von mal mehr mal weniger schwerwiegenden Nebenwirkungen berichteten, damit abfinden, dass Contergan eben doch keine fehlerfreies Wundermittel war, sondern auch Risiken birgt. Demungeachtet bestritt der Konzern den Zusammenhang zwischen Polyneuritis und Contergan vehement und verwies in Bezug auf eine mögliche Toxizität des Präparats auf verleumderische Kampagnen der Konkurrenz. Des Weiteren akzentuierte das Stolberger Unternehmen, dass es von wissenschaftlich fundierten Berichten, die die Anschuldigungen stützen könnten, keine Spur gäbe und dass sämtliche Vorwürfe ihren

---

[12] H. Sjöström & R. Nilsson, ebda., S.55
[13] H. Sjöström & R. Nilsson, ebda., S.56

4

Ursprung in Gerüchten fänden. Die Rezeptpflicht habe lediglich eine beruhigende Funktion und solle dem Verbraucher noch mehr Sicherheit geben und eine optimale Behandlung gewährleisten.[14]

2.4 Die Rollen Schulte-Hillen und Prof. Dr. Lenz

Das Problem der Nebenwirkungen war durch diesen Schachzug dennoch nicht vom Tisch. Im Gegenteil, es zeichnete sich eine Katastrophe von ungeahntem Ausmaß ab. Im gesamten Bundesgebiet registrierte man Missbildungen bei Neugeborenen. Der Hamburger Humangenetiker Prof. Dr. Dr. Widukind Lenz stellte als erster eine Verbindung zwischen der Einnahme von Contergan während der Schwangerschaft und den Missbildungen her. Bereits vor den Untersuchungen Lenz´ gab es Hinweise eines Münsteraner Dozenten, welcher beachtenswerte Veränderungen an Knochen und Organen beobachtet hatte, nachdem er mehrere Hühner mit Contergan gefüttert hatte. Er setzte Grünenthal darüber in Kenntnis, doch weder seine Ergebnisse noch die Bedenken der amerikanischen Zulassungsbehörde, welche das Medikament nicht auf den Markt bringen wollte, da keine Sachkenntnis über die Wirkung für ungeborenes Leben vorlag, konnten Grünenthal dazu bringen alle Thalidomidpräparate vom Markt zu nehmen oder wenigstens dahingehend genauer zu überprüfen. Auch Prof. Dr. Lenz entschied sich seine Beobachtungen der Führungsriege der Herstellerfirma mitzuteilen und begab sich auf Konfrontationskurs. Unterstützt wurde er dabei vom Rechtsanwalt Karl-Hermann Schulte-Hillen, welcher durch den Conterganschaden seines eigenen Sohnes unmittelbar betroffen und selbst aktiv geworden war, fortan gemeinsam mit Prof. Dr. Lenz Ursachenforschung betrieb und unbequeme Wahrheiten aussprach. Zunächst per Telefon, dann per Einschreiben und später im persönlichen Zusammentreffen unter Anderem im nordrheinwestfälischen Innenministerium offenbarte Lenz, begleitet von Schulte Hillen, seine erschreckenden Beobachtungen und legte ausführlichst dar, inwieweit die Einnahme von Contergan und die Missbildungen bei Neugeborenen im Zusammenhang stünden. Während er in diesem Zuge die sofortige Rücknahme des Präparates forderte, bot Grünenthal lediglich einen Aufkleber an, welcher darauf hinweisen sollte, das Medikament nicht an Schwangere zu verabreichen. Zugleich kündigte die Firma an, bei einem Verbot des Wirkstoffes mit allem Nachdruck Schadenersatzansprüche geltend zu machen und juristisch gegen Schulte-Hillen und Dr. Lenz vorzugehen. Nichtsdestoweniger

---

[14] Vgl. H. Sjöström & R. Nilsson, ebda

führten die immer massiver werdenden Forderungen nach einem Verbot, aber vor allem die Macht der Medien schließlich zu einer Rücknahme des Medikamentes vom weltweiten Markt. Der am 26. November 1961 in der Welt am Sonntag erschienene Artikel „Mißbildungen durch Tabletten?- Alarmierender Verdacht eines Arztes gegen ein weitverbreitetes Medikament"(siehe Anhang Abb.2) erwirkte, dass nur einen Tag später, also am Montag den 27. November 1961, der Verkauf, der Vertrieb und die Produktion von Contergan eingestellt worden war. Grund dafür sei nach der Chemie Grünenthal „'nur die verzerrende Darstellung in der Öffentlichkeit'"[15] gewesen, welches dem Ansehen der Firma in dieser Form geschadet habe und jeglicher Grundlage entbehre.[16]

3. Die Geschädigten und ihre Schäden

3.1 Nervenschäden/-störungen

Die bereits erwähnten Nervenschädigungen, welche aller Wahrscheinlichkeit nach durch Contergan verursacht worden sind, werden im Fachterminus als eine toxische Polyneuritis bezeichnet und äußern sich vornehmlich durch Taubheitsgefühle, starke Muskelschmerzen und –krämpfen, eine allgemeinen Gliederschwäche sowie Reflex- und Koordinationsstörungen an Armen und Beinen. Der Patient wird in Bezug auf Bewegungen unsicher und unkoordiniert und im schlimmsten Falle kommt es sogar zu Lähmungen, welche eine dauerhafte körperliche Behinderung nach sich ziehen. Neben der Polyneuritis hatte Contergan einen großen Einfluss auf das zentrale Nervensystem(ZNS) und führte zu unkontrollierten Zuckungen, zu Muskelzittern, Sprechstörungen und zu schweren Störungen der Konzentrationsfähigkeit.

Wie viele Menschen genau von den beschriebenen Schädigungen betroffen gewesen sind, lässt sich nur vermuten, da darüber keine genauen Ergebnisse vorliegen und vordergründig in puncto Contergan immer die verstümmelten beziehungsweise die fehlenden Gliedmaßen angesprochen werden, welche, - man muss es einfach so ausdrücken - alle weiteren mutmaßlich durch die Einnahme von Contergan verursachten Schäden prävalieren.[17]

---

[15] Gero Gemballa, ebda., S. 31
[16] Vgl. Gero Gemballa, ebda.
[17] Vgl. H. Sjöström & R. Nilsson, ebda

3.2 Aplasien/Dysmelien

Die wohl weitaus bekannteren Schädigungen lassen sich grob gesagt als Fehlbildungen an Extremitäten, Ohren und/oder inneren Organen definieren, wobei das gesamte Fehlen als sogenannte Aplasie und die Verformung im weitesten Sinne als Dysmelie bezeichnet werden sollte. Weltweit führte die Einnahme von Contergan bei etwa zehn- bis zwölftausend Neugeborenen zu den besagte Aplasien/Dysmelien, wovon etwa fünftausend auf die BRD fallen. „Am häufigsten Betroffen sind bei 53% aller Geschädigten die Arme, in 25% die Arme und Beine, in 11 % die Ohren, in 5% Arme und Ohren, in 2% nur innere Organe. Die medizinischen Probleme heute beschränken sich meist auf die Behandlung der degenerativen Veränderungen an den missgebildeten Gelenken, auf frühzeitigen Verschleiß, sowie Schmerzen und Beschwerden, insbesondere an Schulter, Ellbogen und Hand, sowie an der Wirbelsäule."[18] Viele sind bereits nach wenigen Jahren aufgrund von fehlenden Körperteilen respektive Organen verstorben und haben einen Kindergarten oder gar ein Schulgebäude von innen nicht zu Gesicht bekommen. Zudem muss man von einer nicht unerheblichen Zahl von Fehl-/Todgeburten ausgehen, woran dem Thalidomid Schuld oder geringstenfalls eine Mitschuld zugesprochen wird.

4. Der dreifache Skandal

Hat man also eine allgemeine Vorstellung gewonnen, inwiefern Contergan Ende der 50er und Anfang der 60er Jahre zunächst für positives, später dann für negatives Aufsehen gesorgt hat, so bleibt trotz der Erkenntnis, dass Contergan eher traurige Berühmtheit erlangt hat, die Frage nach einem bzw. einer Reihe von Skandalen bestehen. Fragt man heutzutage nach den damaligen Vorfällen so ist meist nur bekannt, dass Missbildungen bei Neugeborenen aufgetreten sind. Fragt man die jungen Erwachsenen, und damit meine ich meine Altersgenossen, so bekommt man meist gar keine Information über die wahrscheinlich größte Arzneimittelkatastrophe in der Geschichte der Menschheit. Im Folgenden werde ich versuchen die Geschehnisse kritisch zu beleuchten und dabei insbesondere auf die Rolle der Pharmaindustrie eingehen.

---

[18] Bundesverband Contergangeschädigter e.V.
http://www.contergan.de/inhalt.php?id=3121&menu_level=2&id_mnu=4217&id_kunden=459,
23.05.11, 18:07 Uhr

4.1 Contergan und „Grünenthal"

Der erste Skandal bezieht sich auf den sorglosen Umgang der Firma Grünenthal mit ihrem „Wundermittel". Die herausragende Stellung Contergans als Medikament aus dem Stolberger Familienunternehmen mit der meisten Umsatzrelevanz sowie den außergewöhnlichen Eigenschaften, machten es der Chemie Grünenthal eminent schwer, Fehler bzw. wichtige Nebenwirkungen einzugestehen und zu offenbaren. Sie fanden sich also somit in einer verteidigenden Rolle wieder und propagierten lediglich die Positiva ohne dabei einen kritischen Blick für mögliche oder vorliegenden konkrete Negativa übrig zu haben. Ein Tunnelblick, welcher vornehmlich das Geld im Fokus hatte und alles Gefährdende ausblendete, katalysiert durch das stringente Ausschließen von möglichen Gefahren Contergans und die Angst vor einem möglichen Vertrauensverlust bei Eingeständnis von Fehlern, führte zu einem Teufelskreis, welcher nur durch den massiven Druck des öffentlichen Lebens ein viel zu spätes Ende finden konnte. Berauschende Gewinne durch den Verkauf eines Medikamentes/Wirkstoffes sowie die Eitelkeit der Produzenten des selbigen können allerdings keine Rechtfertigung oder gar eine Legitimation von ignorantem selbstherrlichem Verhalten sein, welches die unschuldigen Konsumenten teils mit ihrem Leben teils mit ihrer stark verringerten Lebensqualität bezahlen mussten. Das konsequente Abstreiten von Gefahren Contergans und die Reaktionslosigkeit von Behörden und Herstellerfirma auf Hinweise und Berichte deuten ganz eindeutig auf ein rein gewinnorientiertes verantwortungsloses, fast schon blauäugig naives Verhalten hin. Behörden ließen sich durch Grünenthal unter Druck setzen, die mit Arbeitsplatzverlusten, Steuerausfällen, Entschädigungsforderungen drohten und darüber hinaus ihre guten Beziehungen zur politischen Führungsriege spielen ließen, was den gewünschten Erfolg erzielte. Nachdem die klärenden Gespräche mit Behörden positiv verlaufen waren, stritten sie jegliche Kenntnis beziehungsweise Erfahrung über bzw. mit Nebenwirkungen ab und spielten die unschuldigen Samariter, die nur das Wohle der Menschheit im Sinn hatten. Dabei muss man bedenken, dass bekanntermaßen Unwissenheit, in diesem Kontext die Unwissenheit über Wirkungsweise und mögliche Nebenwirkungen, eben nicht vor Strafe schützt und der Hersteller im Idealfall alle Zweifel hätte ausräumen müssen, bevor er ein Präparat zum Gebrauch, zum heilenden helfenden Gebrauch, zulässt. In dieser Verbindung muss notwendigerweise noch einmal explizit hervorgehoben werden, dass trotz der Unkenntnis, trotz unzureichenden Tests, dem Präparat nur drei Jahre nach seiner Entdeckung seine Markttauglichkeit attestiert worden ist. Dahingehend gewinnt man den Eindruck eines übereilten unüberlegten Vorgehens, welches vor allem aus heutiger Sicht, scharf zu kritisieren ist.

Sollte es aber wie im Falle Contergans doch zum „worst case" kommen, nämlich dem Fall in dem durch ein Medikament körperliche &geistige Schäden verursacht werden, so möchte man meinen, dass spätestens dann der Hersteller Verantwortung übernimmt, Fehler eingesteht und sich in einem unabhängig unbeeinflussten rechtstaatlichen Prozess zu verantworten hat, Reue zeigt und Worte der Entschuldigung gegenüber den Betroffenen zum Ausdruck bringt. Anders im Sachverhalt Contergan. Dennoch wurde bereits einige Wochen nach der Rücknahme von Thalidomid aus dem Handel ein Ermittlungsverfahren eingeleitet und es kam zur Anklage.

4.2 Contergan und die Justiz

So kommt es also, dass ein Sonderdezernent der Staatsanwaltschaft Aachen die Ermittlungen gegen leitende Mitarbeiter der Chemie Grünenthal aufnahm und sich zu Beginn mit Fragen konfrontiert sah, dessen Antwort es so schnell wie möglich zu finden galt: Hat Grünenthal Thalidomidpräparate vertrieben, gleichwohl sie bereits Kenntnis über die verheerenden Nebenwirkungen hatten? Wurde Contergan ausreichend geprüft bevor es seinen Weg in den Markt gefunden hat? Stellte die Firma die positiven Wirkungen der Arznei heraus und verzerrte somit das Bild der öffentlichen Wahrnehmung oder wurden Mediziner und Verbraucher sogfältig und hinreichend informiert? Ist es eine vertretbare Entscheidung ein Schlafmittel auf dem Markt anzubieten, von welchem die Wirkungsweise fast vollkommen unerforscht ist? Im Netz dieser Fragen Genaues zu erfahren und den Überblick zu wahren stellte eine große Herausforderung dar und forderte vor allem einen erheblichen Zeitaufwand. Die nicht überschwängliche Kooperationsbereitschaft von Grünentahl, welche intern das Ziel ins Auge gefasst hatten den Prozessbeginn so lang wie möglich zu verzögern, tat ihr Übriges und ließ eine Anklage erst am 13.3.1967 zu. Die Macht des Staates fand ihre Grenzen in der überlegenen finanziellen Potenz des Pharmaunternehmens und man kann diesbezüglich mit Fug und Recht behaupten, dass die Komplexität der Recherchen für die Staatsanwaltschaft im Zusammenspiel mit dem finanziellen Facette zu einer Machtverschiebung zu Lasten der Staatsgewalt geführt hat.[19] Die Hauptverhandlung begann am 27.5.1968, also fast sieben Jahre nachdem Contergan vom Markt verschwunden war und wirft, trotz benannter Rechtfertigungen, deshalb die Frage auf ob die Judikative oder vielmehr das Rechtssystem der BRD einem solch belangvollen Ereignis nicht die nötige Bedeutung beigemessen hat oder vielleicht sogar nicht beimessen wollte?

---

[19] Vgl. Gero Gemballa, ebda.,S.53

4.2.1 Der Prozess

Am 27.Mai 1968 begann also einer der größten Prozesse der deutschen Justizgeschichte gegen „sieben Männer, die an der Entdeckung, Herstellung und [am] Vertrieb des ‚Jahrhundert-Schlafmittels'"[20] entscheidend beteiligt gewesen waren. Die Vergehen, welche ihnen zur Last gelegt wurden, lauteten im Großen und Ganzen: fahrlässige Körperverletzung, fahrlässige Tötung sowie vorsätzliche Körperverletzung. 100 Zuschauer und mehr als 200 Journalisten aller Herren Länder fanden den Weg in den Kasinosaal der Grube „Anna" in Alsdorf bei Aachen, auf welchen man aufgrund von Platzmangel ausweichen musste. Der Essenssaal der Bergarbeiter wurde kurzerhand umgebaut und zweckentfremdet und diente hinfort als Gerichtssaal. Die Angeklagten, vertreten durch 14 Verteidiger, standen drei Staatsanwälten sowie weiteren Vertretern der über 300 Nebenkläger gegenüber und wurden sowohl durch drei Berufsrichter als auch durch zwei Schöffen begutachtet. 352 Zeugen waren geladen, darunter fast zweidrittel Mediziner und mehrere Dutzend Gutachter und Sachverständige.[21] Die 972 seitige Anklageschrift wurde 282 Verhandlungstage intensivst zum Thema in Medien und Gesellschaft und doch kam es am 11. Dezember 1970 zur Einstellung des Verfahrens nach § 153 StPO wegen „geringer Schuld" und „geringem öffentlichen Interesse". Ein Skandal! War die Verbindung zwischen Contergan und den auftretenden Missbildungen doch offensichtlich, gelang es im Prozess der Staatsanwaltschaft nicht den genauen Wirkungsvorgang insbesondere die Schädigung für ungeborenes Leben zu beweisen. Den Ausschlag das Verfahren einzustellen gab allerdings die nahezu perfektionierte Verzögerungstaktik der Grünenthal- Riege, welche sich mit ihrem Spiel auf Zeit um ein Haar jeglicher Verantwortung entzogen hätte. Denn zehn Jahre nach Anlegen eines Aktenzeichens, also dem Beginn der Ermittlungsarbeit, kommt es zur absoluten Verjährung, sollte kein Urteil gesprochen worden oder eine außergerichtliche Einigung erfolgt sein.

Des Weiteren galt neben der Wiederherstellung der Reputation Grünenthals, vor allem die Interessenvertretung der gesamten pharmazeutischen Industrie als Zielsetzung, da es unter alle Umständen verhindert werden musste einen Präzedenzfall für die Produkthaftung durch den Hersteller bei fehlerhaften und schädlichen Produkten zu statuieren. Nicht unerheblichen Einfluss darauf hatte ganz offensichtlich auch die Politik auf Bundesebene, denn in einer Parlamentsrede betonte der damalige Justizminister

---

[20] DER Spiegel, 23/1968, 03.06.1968, S.47, http://www.spiegel.de/spiegel/print/d-46039709.html, 27.05.2011, 20:31 Uhr
[21] Vgl. DER Spiegel, 23/1968, 03.06.1968, S.47, http://www.spiegel.de/spiegel/print/d-46039709.html, 27.05.2011, 20:31 Uhr

Gerhard Jahn seine Zustimmung für die Einstellung des Verfahrens und begrüßte die durch Schulte-Hillen ausgehandelte Entschädigungszahlung in Höhe von 100 Millionen Mark zuzüglichen Zinsen:" Ich kann mir keine verantwortungsbewusste Mutter und keinen verantwortungsbewussten Vater, die auf das wohl ihres Kindes bedacht sind, vorstellen, die hierzu ‚Nein' sagen(...)"[22] Dieser - und damit ist Schulte-Hillen gemeint - sah vermutlich die einzige Möglichkeit eine (finanzielle) Unterstützung für die Betroffenen zu erlangen darin, einer Entschädigungszahlung zuzustimmen, die gleichzeitig die Einstellung des Verfahrens bewirkte und jegliche Ansprüche an die Firma Chemie-Grünenthal verfallen ließ. Diese Zwickmühle ist im allerhöchsten Maße ein Indiz für die außerordentlich große Macht und die immens weitreichende Einflussnahme der Pharmaindustrie und der Industrie im Allgemeinen. Sie offenbart zum einen die Hilflosigkeit der Justiz, aber auch die Diskrepanz zwischen großem Pharmaunternehmen und kleinem Bürger, insbesondere in Bezug auf finanzielle Möglichkeiten. Geld scheint in diesem Zusammenhang überhaupt ein entscheidender Faktor zu sein, denn die Steuereinnahmen Nordrheinwestfalens durch die Firma Grünenthal müssen ebenso nicht ganz unerheblich gewesen sein, wie auch die Zahlung von 100 Millionen Mark der damaligen Bundesregierung in die neu gegründete „Stiftung für contergangeschädigte Kinder". Merkwürdig nur, dass eine Bundesregierung, stellvertretend zu betrachten für die Politik, bereitwillig einen dreistelligen Millionenbetrag für etwas zur Verfügung stellt, von dem eigentlich klar ist, dass der Verursacher aus Kreisen der Herstellerfirma kommt. Es macht den Eindruck, als habe man die Betroffenen mit Geld ruhigstellen wollen, um den Trubel und die ständigen Debatten, die Rechtfertigungen, die andauernde Berichterstattung der Presse und dem öffentlichen Druck den Wind aus den Segeln zu nehmen, um diese lästige Angelegenheit endlich hinter sich lassen zu können.

4.3 Contergan, die Opfer und der Streitfaktor Geld

Die von allen Klägern zwangsweise zu unterschreibende Abfindungserklärung, welche der Firma Grünenthal garantierte das jegliche Ansprüche von Opfern und Geschädigten zu keinem Zeitpunkt mehr gerichtlich einzufordern seien, kann man gut und gerne als Knebelvertrag bezeichnen. Sie regelte weder die genaue Verteilung der 100 Millionen, noch war etwas von nachhaltiger dauerhafter Unterstützung für die Geschädigten zu lesen. Es entsteht der Eindruck, Grünenthal habe die Abfindungserklä-

---

[22] Youtube.com, Contergan und die Berichterstattung der Medien, http://www.youtube.com/watch?v=_pMkJOGvRhs, 27.05.2011, 21:48 aus WDR „Aktuelle Stunde"

rung als einen Ablassbrief konstatiert, der Sie von Schuld und Sünden freikauft, wie es im Mittelalter üblich war. Mittelalterlich war auch der Umgang mit dem Geld. Jeder wollte die Verantwortung übernehmen, jeder versuchte Zugang zu dem Geld zu erlangen, um sich letzten Endes doch selbst zu bereichern. Der menschliche Egoismus überwog der Hilfsbereitschaft und anstatt den Opfern mit dem Geld zu helfen, entbrannten handfeste Diskussionen über Vorstandsposten. Es dauerte viel zu lange bis Gelder zur Unterstützung an die Beteiligten flossen und Grünenthal machte auch in diesem Zusammenhang keine gute Figur, da Sie ihre Pflicht und Schuldigkeit in ihren Augen getan hatte, bemühten sie sich kaum bis gar nicht um die Versorgung der Betroffenen. Alle Einwände, auch die bezüglich der Entschädigungssumme die nach Expertenmeinung viel zu gering gewesen war, ließen sie in keiner Form gelten, sei es doch die bis dahin höchste jemals gezahlte Entschädigungssumme der deutschen Justizgeschichte gewesen. 200 Millionen Mark zur Verfügung gestellt vom Staat sowie von Grünenthal mögen viel erscheinen, allerdings hat jeder einzelne Betroffene bei kompletter Auszahlung des gesamten Geldes, durchschnittlich lediglich 330 Mark monatlich zur Verfügung und auch dies nur bis zum 18ten Lebensjahr. Das Geld reicht bei weitem nicht für teure Umbauten in Haus und Auto, für medizinische, therapeutische, psychologische Betreuung aus und über die Zeit nachdem das Geld aufgebraucht sein würde, hatte sich weder Grünenthal, noch der Staat und wahrscheinlich nicht einmal die Opfer selbst Gedanken gemacht. Diesen war mit einer finanziellen Unterstützung, in welcher Höhe auch immer, zunächst einmal gut gedient, hatte sie doch den jahrelangen Prozess über keinen Pfennig gesehen. Anfangs hatte Grünenthal noch versucht ein Verfahren durch Einmalzahlungen an einige Betroffenen abzuwenden, allerdings waren diese Angebote allenfalls aus der eigennützigen Motivation heraus entstanden, sich selbst zu retten und sich die öffentliche Demontage zu ersparen.

4.4 Nachwirkungen

Erst auf Grund von den Vorkommnissen im Zusammenhang mit Contergan entbrannte eine Debatte über die Arzneimittelsicherheit, was zur Einführung eines Arzneimittelgesetzes und einer drastischen Verschärfung des selbigen ab 1975 führte. Leider musste vor der Einsicht der Menschen immer erst ein Unglück geschehen, so also auch im Bereich der Arzneimittelbranche. Dennoch wirken die Conterganschädigungen der 60er Jahre bis ins 21 Jahrhundert nach, denn sowohl das Leiden der Geschädigten, als auch die problematische monetäre Situation sind aktueller denn je. Die voll und ganz ausgeschöpften Geldmittel reichen bei weitem nicht für das Bestreiten des Lebensunterhalts aus, da viele Betroffene in allerhand Bereichen des Lebens auf die Hilfe anderer angewiesen sind und diese meist auch dementsprechend honorieren müssen. Die nach wie vor ausstehende Entschuldigung der Chemie Grünenthal verschärft die Situation drastisch und macht es den Opfern nicht einfacher Ihre Situation zu akzeptieren. Beim Blick auf die geleistete Hilfe für Betroffene in Nachbarstaaten wie beispielsweise England, stellt sich für viele „Contis" die Frage der Gerechtigkeit. Nicht nur das sie jahrelang für ihr Recht kämpfen mussten ohne ein Urteil zu erlangen, nicht nur das Sie sich unzählige Blicke und Anfeindungen gefallen lassen mussten, nicht nur das Sie Opfer eines Arzneimittelskandals und gleichenfalls Opfer eines Justizskandals geworden sind, nein, sie sind zudem Opfer eines Versorgungsskandals. Ein Skandal, der die Würde des Menschen in Frage stellt und die Verursacher der Schäden, nahezu ungeschoren davon kommen lässt. Während in England der damalige Lizenznehmer des Wirkstoffes Thalidomid bis heute jährlich 9,2 Millionen Euro an die Geschädigten auszahlt und ihnen so im Monat durchschnittlich eine Summe von 2200 Euro zur Verfügung stellt, basiert in Deutschland jegliche Unterstützung auf dem Geld der Steuerzahler und auf Spenden[23]. Der weltweite agierende Grünenthal Konzern, der im Jahre 2009 einen Jahresumsatz von 881 Mio. Euro[24] verbuchen konnte, sieht es nicht als seinen Pflicht an, die Opfer finanziell zu unterstützen. Erst nach einem Gespräch zwischen Firmenleitung und dem Verband der Contergangeschädigten 2007, 50 Jahre nach der Markteinführung von Contergan, konnte sich der Konzern zu einer Einmalzahlung in Höhe von 50 Millionen Euro durchringen. Ein Tropfen auf den heißen Stein, bedenkt man die immensen Kosten der Betroffenen für ganz alltägliche Arbeiten und beachtet zudem die Arbeitsunfähigkeit der Majorität.

---

[23] Youtube.com, Contergan und die Berichterstattung der Medien,
http://www.youtube.com/watch?v=_pMkJOGvRhs, 29.05.2011, 12:20 Uhr aus „Hart aber fair"
[24] http://www.vfa.de/de/verband-mitglieder/mitgliedsunternehmen/gruenenthal.html, 29.05.2011, 12:23

Resümee

Nachdem ich mich also ausgiebig mit dem Thema des Conterganskandals beschäftigt habe, mir durch Recherche in digitalen und analogen Medien ein gesundes Maß an Wissen in Bezug auf die Materie aneignen konnte, greife ich abschließend die Frage aus dem Vorwort auf, ob der Conterganskandal ein Beispiel für die Macht der Pharma-industrie ist oder nicht. Während meiner Nachforschungen hat sich meine neutrale Hal-tung der Frage gegenüber sukzessive in eine klar und eindeutige Positionierung entwi-ckelt. Ich bin überzeugt davon, dass der Conterganskandal ein Paradebeispiel für die Macht der Pharmaindustrie ist und der erschreckend große Einfluss auf Politik und Ge-sellschaft in keiner Form gerechtfertigt ist. Die finanzielle Stärke kann nicht aus-schlaggebend für rechtsstaatliche Vorgehensweisen sein und darf ebensowenig das „mundtot machen" von Opfern begründen. Mit dieser Erkenntnis möchte ich meine Arbeit abschließen und die Frage aufwerfen, ob generell und insbesondere in der pharmazeutischen Industrie der Profit vor der Gesundheit steht? Im Kasus Contergan leider ja.

Literaturverzeichnis

Bücher: Gero Gembella, Der dreifache Skandal, Hamburg 1993, S.15-53

Catia Monser, Contergan/Thalidomid: Ein Unglück kommt selten
allein, Düsseldorf 1993, S. 12-17

Hennig Sjöström & Robert Nilsson, Contergan oder die Macht der
Arzneimittelkonzerne, Harmondsworth, Middlesex, England 1972, S.
43-56

Ludwig Zichner Michael .A. Rauschmann Klaus-Dieter Thomann, Die
Contergankatastrophe-Eine Bilanz nach 40 Jahren, Darmstadt 2005, S.3

Internet: DER SPIEGEL 49/1962, 05.12.1962,
http://www.spiegel.de/spiegel/print/d-45125108.html, 16. Mai 2011,
17.13 Uhr

DER Spiegel, 23/1968, 03.06.1968, S.47
http://www.spiegel.de/spiegel/print/d-46039709.html, 16.05.2011,
20:23Uhr

Bundesverband Contergangeschädigter e.V.
http://www.contergan.de/inhalt.php?id=3121&menu_level=2&id_mnu=
4217&id_kunden=459, 23.05.11, 18:07 Uhr

Youtube.com, Contergan und die Berichterstattung der Medien,
http://www.youtube.com/watch?v=_pMkJOGvRhs, 27.05.2011, 21:48
aus WDR „Aktuelle Stunde"

Youtube.com, Contergan und die Berichterstattung der Medien,
http://www.youtube.com/watch?v=_pMkJOGvRhs, 29.05.2011, 12:20
Uhr aus „Hart aber fair"

http://www.vfa.de/de/verband-
mitglieder/mitgliedsunternehmen/gruenenthal.html, 29.05.2011, 12:23

CONTERGAN-Anzeige:

Abbildung 1

Anzeige der Grünenthal Chemie(im Original in Farbe/Bild zeigt idyllische Küstenlandschaft): aus Catia Monser, Contergan/Thalidomid: Ein Unglück kommt selten allein, Düsseldorf, 1993, S.12 nachzulesen auch unter :

http://www.contergan.grunenthal.info/grt-ctg/GRT-CTG/Die_Fakten/Die_Tragoedie/149400232.jsp;jsessionid=BFB92248AB138D8880E2BAE 481142102.drp1 , 16.Mai 2011, 16:05Uhr

Mißgeburten durch Tabletten?

Alarmierender Verdacht eines Arztes gegen ein weitverbreitetes Medikament

Von unserem Berichterstatter
Dr. G. P. Düsseldorf, 25. November

Eine erschreckende Warnung wurde von dem Arzt und Dozenten an der Hamburger Universitätsklinik Dr. W. Lenz auf einer Tagung der Rheinisch-Westfälischen Kinderärztevereinigung ausgesprochen. Dr. Lenz warnte vor einem Medikament, dessen Namen er nicht nannte, doch soll es sich um ein weitverbreitetes Schlafmittel handeln. Auf Grund der von ihm gemachten Beobachtungen sei es denkbar, sagte der Arzt, daß zwischen diesem Medikament und den in letzter Zeit sich häufenden Zahl von Mißgeburten ein Zusammenhang bestehe. Das Mittel müsse sofort zurückgezogen werden.

Dr. Lenz sprach die Warnung im Laufe einer Diskussion aus, die sich an einen Vortrag über die Entstehung schwerer Extremitätenmißbildungen anschloß. In erschreckender Weise haben während der letzten Jahre solche Mißbildungen zugenommen: Immer häufiger kamen Kinder zur Welt, denen ein Arm, eine Hand, ein Fuß fehlt oder bei denen die Füße direkt aus der Hüfte ragen, die Hände unmittelbar an den Schultern sitzen.

Dr. Lenz führte aus, daß er sich mit den Vorgeschichten solcher Fälle eingehend befaßt habe. Vor allem wurde festgestellt, welche Medikamente die Mütter während der Schwangerschaft eingenommen hatten. Wörtlich sagte Dr. Lenz: „14 Mütter von Kindern mit schweren Extremitätenmißbildungen hatten in der Frühschwangerschaft eine bestimmte Substanz genommen. Drei weitere Mütter hatten wahrscheinlich zu dieser Zeit, jedenfalls aber zu anderer Zeit dieselbe Substanz genommen. Eine Mutter hatte eine chemisch ähnliche Substanz mit ähnlicher Indikation genommen. Bei 20 Müttern von gesunden Kindern bis zu zwei Jahren ergab sich, daß nur in einem Fall die Substanz genommen worden war, und zwar gegen Ende der Schwangerschaft."

Ein ursächlicher Zusammenhang zwischen der Aufnahme der Substanz und den Mißbildungen sei zwar noch nicht bewiesen, sagte Dr. Lenz. Er fuhr jedoch fort: „Ein Zusammenhang ist aber denkbar! Als Mensch und Staatsbürger kann ich es daher nicht verantworten, meine Beobachtungen zu verschweigen. Angesichts der unübersehbaren, psychologischen, juristischen und finanziellen Konsequenzen habe ich der Herstellerfirma meine Beobachtungen mitgeteilt und meine persönliche Meinung zum Ausdruck gebracht, daß die sofortige Zurückziehung des Mittels erforderlich sei, bis seine Unschädlichkeit sicher nachgewiesen ist. Jeder Monat Verzögerung in der Aufklärung bedeutet die Geburt von vielleicht 50 bis 100 entsetzlich verstümmelten Kindern!"

Die sofortige Zurückziehung des Mittels! Bisher wurde es aber noch nicht zurückgezogen! Sollte diese Warnung, die aus ärztlichem Verantwortungsbewußtsein gegeben wurde, tatsächlich überhört werden?

Es ist höchste Zeit, daß die Behörden eingreifen, und zwar sofort! Was sagt die Gesundheitsministerin? Solange auch nur der geringste Verdacht besteht, daß jenes Mittel derart verheerende Wirkungen haben kann, ist sofortiges Handeln geboten.

Abbildung 2

Artikel aus der Welt am Sonntag vom 26.11.1961: aus Catia Monser, Contergan/Thalidomid: Ein Unglück kommt selten allein, Düsseldorf, 1993, S.39